कलम के पलाश

अंकिता सिंह

Copyright © Ankita Singh
All Rights Reserved.

ISBN 979-888629131-5

This book has been published with all efforts taken to make the material error-free after the consent of the author. However, the author and the publisher do not assume and hereby disclaim any liability to any party for any loss, damage, or disruption caused by errors or omissions, whether such errors or omissions result from negligence, accident, or any other cause.

While every effort has been made to avoid any mistake or omission, this publication is being sold on the condition and understanding that neither the author nor the publishers or printers would be liable in any manner to any person by reason of any mistake or omission in this publication or for any action taken or omitted to be taken or advice rendered or accepted on the basis of this work. For any defect in printing or binding the publishers will be liable only to replace the defective copy by another copy of this work then available.

परमपिता परमेश्वर के श्री चरणों में काव्य संग्रह समर्पित।

दादी श्रीमती सुखेश यादव एवं दादाजी श्री नन्दकिशोर सिंह यादव के चरणों में समर्पित।

क्रम-सूची

आभार	vii
भूमिका	ix
1. माँ तुम बिल्कुल , वसंत जैसी हो	1
2. पापा	3
3. इस तरह खिलकर.....	4
4. मन के आंगन में तुलसी सा बसाते चलो....	5
5. मैं अधूरी , अधूरा है चादँ...	6
6. अंकिता बनकर छाई हूँ	7
7. नटनागर	8
8. सावन	9
9. कहाँ डाले झूला बाबा	10
10. सुनेहरा ख्वाब.... .	12
11. ऋतुराज	13
12. नारी सामर्थ	14
13. गौरया	15
14. असभ्य लंगूर	16
15. सन 90 का बचपन	17
कवियत्री परिचय	19

• v •

आभार

इस पुस्तक लेखन की उत्कृष्ट प्रेरणा देने हेतु परमपिता परमेश्वर ,ज्ञान की देवी माँ शारदा एवं पूज्य माता पिता श्री का अन्नत कोटि आभार ।

भूमिका

काव्य साहित्य की धरोहर है । काव्य सृजन की अभिलाषा है । काव्य ज्ञान एवं अभिव्यक्ति का अनुपम भंडार है, अतः कलम के पलाश से कुछ काव्य कोपल प्रस्तुत है ॥

1. माँ तुम बिल्कुल, वसंत जैसी हो

चिरागों में,
रोशनी अनंत जैसी हों ।
माँ तुम बिल्कुल ,
वसंत जैसी हो ।
घर की तुलसी में ,
पूजा का मंत्र जैसी हो ।
माँ तुम बिल्कुल ,
वसंत जैसी हो ।
सिर ढके आँचल में ,
कोई अधिकार स्वतंत्र जैसी हो।
माँ तुम बिल्कुल ,
वसंत जैसी हो ।
विपदाओं में धैर्य बाँचती ,
संत जैसी हो ।
माँ तुम बिल्कुल ,
वसंत जैसी हो ।
मेरी खुशियों में,
दुआओं का तंत्र जैसी हो ।
माँ तुम बिल्कुल ,
वसंत जैसी हो ॥

कलम के पलाश

अंकिता सिंह

2. पापा

मेरे भविष्य के खेत में ,
वर्तमान की सीख बोते हैं पापा ।
मैं जो पिरोती सपनो की माला,
हकीकत के सीप पिरोते हैं पापा ।
चोट कभी जो मुझे लग जाती,
मुझसे ज्यादा रोते हैं पापा ।
सारे फर्ज , कर्तव्य ,कर्ज ,
अपने काँधे पर ढोते हैं पापा ।
अमावस की काली रातो में,
लौ प्रकाश की संजोते हैं पापा ।
माँ होती है घर की लक्ष्मी ,
वटवृक्ष से होते हैं पापा ॥

3. इस तरह खिलकर.....

इस तरह खिलकर ,
मेरे मन को भरमा रहे हो तुम ,
जैसे पतझड़ी फिजा में ,
बसंत के गीत गा रहे हो तुम !
तम से लिपटी जिन्दगी में ,
सुनहरी भोर सा मुस्कुरा रहे हो तुम !!
इस तरह मेरे तन को बहका रहे हो तुम ,
जैसे छेड़ के भ्रमर के अक्स को,
अपने पास बुला रहे हो तुम !
साँसो में घुले पराग को ,
इत्र सा महका रहे हो तुम! !
इस तरह मेरे जीवन को ,
चहका रहे हो तुम,
जैसे आगंतुक पाखी को ,
अपना घरौंदा दिखा रहे हो तुम!
घर के किवाड़ पर,
प्रीत की तोरन लगा रहे हो तुम!!
अंकिता सिंह

4. मन के आंगन में तुलसी सा बसाते चलो....

अनन्त पतझड सा मेरा ह्रदय हो चला,
राह बहारो की उसको दिखाते चलो ।
गर पाना सकू मैं कोई ऊँचा मुकाम,
राह ही मंजिल है यह बताते चलो !
मैं नहीं हूँ, नहीं हूँ कोई सरिता का सफर
बूंद स्वाति की हूँ मैं बचाते चलो!
अनन्त पतझड़ सा मेरा ह्रदय हो चला ,
राह बहारो की उसको दिखाते चलो ।
गर बन न सकू मैं तेरी , राधिका
मन के आंगन में तुलसी सा बसाते चलो ।
अनन्त पतझड़ सा मेरा ह्रदय हो चला,
राह बहारो की उसको दिखाते चलो ॥
अंकिता सिंह

5. मैं अधूरी , अधूरा है चादँ...

मैं अधूरी ,
अधूरा है चादँ ।
तारों की रहगुजर में ,
सूना है चादँ ।।
मैं अधूरी ,
अधूरी हैं लहरे ।
साहिल से टकरा के ,
ये समुन्दर पर न ठहरे ।।
मैं अधूरी ,
अधूरी हैं नदिया ।
सागर तक पहुंचने में
लगती है इन्हे सदिया ।।
मैं अधूरी ,
अधूरा है ये जहान ।
सबको चाहिये यहा ,
एक मुट्ठी आसमान ।।
अंकिता सिंह

6. अंकिता बनकर छाई हूँ

कुंतल में मैं अपने
नदिया गूथं लाई हूँ,
निरझर बही हूँ जब,
तब सागर तट पर आई हूँ।
पलको में मैं अपने ,
सूरज मूंद लाई हूँ ,
ऊँची उठी हूँ जब ,
तब अम्बर में समाई हूँ।
मरूथल में मैं अपने,
सावन की बूंद लाई हूँ ,
बदरी बनी हूँ जब,
तब रेती सींच पाई हूँ।
गीतो में मैं अपने ,
अस्तिव ढूढ़ लाई हूँ ,
लिखती रही हूँ जब,
तब अंकिता बनकर छाई हूँ॥
अंकिता सिंह

7. नटनागर

दुनिया की छोड़ मोह अटारी ,
मोहन मैं तुझसे मिलने आई हूँ,
राधा सा मुझमे रास नहीं है,
मीरा सी मुझमे प्यास नहीं है,
फिर भी नटनागर,
मेरी नेह गागर,
मैं तुझे अर्पित करने आई हूँ ।
दुनिया की छोड़ मोह अटारी ,
मोहन मैं तुझसे मिलने आई हूँ,
मधु सी मुझमें मिठास नहीं है,
बंसी से मुझमें साज नहीं हैं,
फिर भी नटनागर ,
मेरी नेह गागर,
मैं तुझे अर्पित करने आई हूँ ।।
अंकिता सिंह

8. सावन

सावन
मेघ गाये मल्हार बावरें ,
बरसे आज सावनवा !
खिली चांदनी मोरे उपवन ,
खिल गया आज मोरा मनवा !!
भ्रमर करें अट्टहास बावरें ,
पहुल झुलायें झुलनवा !
डोले बिजुरिया नथनी में सखी ,
खनके हरे कंगनवा !!
बो दी हरियाली प्रीत मेंहदी ने,
सुर्ख हुआ अंगनवा !
अब जो आयें मोरे पिया बावरें,
भीगे महुआ सा जीवनवा !!
अंकिता सिंह

9. कहाँ डाले झूला बाबा

कहां डाले झूला बाबा,
ना निमिया ,ना अम्वा ,
घर के चौबारों पर ,
बस ऊँचे ऊँचे खम्बवा !!

कहाँ डालें झूला बाबा,
ना महुआ , ना सेमर ,
बरखा की दहरी चढ़े,
धूप के तेवर !!

कहाँ डाले झूला बाबा ,
ना मल्हरवा ,ना कजरी,
सावन वाली रतियाँ में ,
बरसी ना बदरी !!

कहाँ डालें झूला बाबा ,
ना सावनी, ना कचनारें ,
शहर के अँचरा बस ऊँची मिनारे !!

कहाँ डाले झूला बाबा कहाँ डालें झूला बाबा ......!!
वर्तमान परिपेक्ष में ,
जब हरे भरे वृक्षों की कटाई हुई है ,

हर जगह इमारते और कंकरीट के जंगल खड़े कर दिये गये हैं ,
तो ऐसे में सावन मास में वृक्षों पर झूला डालने का चलन ज्यादातर समाप्त हो गया है ,तथा व्यस्तता भरी जिंदगी में घर घर कजरी मल्हार गाने का रिवाज छूमंतर होता जा रहा है।
इस गीत के माध्यम से यही मार्मिक द्वश्य प्रस्तुत किया जा रहा है कि कैसे डालें झूला बाबा !

रचियता अंकिता सिंह लखनऊ से !!

10. सुनेहरा ख्वाब... .

सुनेहरा ख्वाब या हकीकत बनकर आओगे,
मेरी नशीली आँखो में सागर बनकर समाओगे,
तुम कौन होगे ? कोई अजनबी या जाने पहचाने से,
या सात जन्मों के मेरे दीवाने से ?
तुम कौन हो यह नजरे नहीं जानती
पर तुम्हारी रूह कीआहट को धड़कने हैं पहचानती,
अब कब आओगे इस जनम में जन्मो का बंधन निभाने को,
मुझे अपनी संगिनी बनाने को ।।
अंकिता सिंह

11. ऋतुराज

अनुपम है ऋतुराज की शान ,
हर्ष उल्लास का हो रहा भान ,
वीणा की मधुर तान से ,
वीणा वादिनी का हो रहा गुणगान ।।
अनुपम है ऋतुराज की शान,
प्रकृति कर रही बंसती स्नान
सरसों के पारितोषक से ,
धरणी का हो रहा सम्मान ।।
अनुपम है ऋतुराज की शान ,
पतझड़ के मिट गये निशान ,
उपवन पहने पीले परिधान,
कलियों कों हो रहा अभिमान ।।
अनुपम है ऋतुराज की शान ,
आई ऋतु सर्वश्रेष्ठ महान,
जन -जन का करने कल्याण ,
सबके चहरे पर बिखेंरने मुस्कान ।।
अंकिता सिंह

12. नारी सामर्थ

सरस्वती की वो वर्ण भाषा है ,
लक्ष्मी की वो स्वर्णआशा है ,
दुर्गा की निडर अभिलाषा है वो ,
उसे अबला न समझों जग ,
नारी सामर्थ की परिभाषा है ।
नारी सामर्थ की परिभाषा है ।।
प्रीत की वो नव ऊषा है ,
वात्सल्य की सरल मंजूषा है ,
जीवन के तम में प्रत्यूषा सी वो ,
उसे सबला ही समझो जग ,
नारी ईश्वर की तनुषा है ।
नारी ईश्वर की तनुषा है ।।
अंकिता सिंह

13. गौरया

काट लिए सब वृक्ष मनुज ने,
विपदा डाली मेरे सर,
कैसे बनाऊ नीड़ मैं अपना,
कैसे दूँ हौसलो को पर।
काट लिये सब वृक्ष मनुज ने,
बंद किये दीवार और दर ,
कहाँ जाऊँ चुगने नेह के मोती ,
कैसे मिटाऊँ भूख प्यास का डर।
काट लिए सब वृक्ष मनुज ने,
चैन सुकून मेरा लिया है हर ,
कैसे रखू बच्चों को सुरक्षित ,
आँसु नैन में रहे उतर।
काट लिये सब वृक्ष मनुज ने,
लूट लिए मेरे गाँव - शहर ,
काश रोप पाऊँ मैं एक पौधा,
उस पर बनाऊँ अपना मैं घर॥
काट लिए सब वृक्ष मनुज ने,
विपदा डाली मेरे सर,
कैसे बनाऊ नीड़ मैं अपना,
कैसे दूँ हौसलो को पर।
अंकिता सिंह

14. असभ्य लंगूर

जंगल के सारे लंगूर ,
खाते थे मीठे अंगूर ,
कितुं मनुपुत्रों को कहां सहूर ,
सब जंगल कर दिये चकना चूर,
कितनों को घर से किया दूर ,
अब जब मर्कट झांके हाट बजार,
तो कहते -
देखो आगये वो असभ्य लंगूर॥

जंगल के सारे लंगूर ,
आम खाने में थे मशहूर ,
किंतु कुटिल बुद्धि मनुज मगरूर,
काट दिये वृक्ष भरपूर ,
अब जब कपि झूले ,
मानुष निज खाट ,
तो कहते -
देखो आगये वो असभ्य लंगूर॥
अंकिता सिंह

15. सन 90 का बचपन

सन 90 का बचपन

घर की मुंडेर पर ,
पंछी सा चह चहता था बचपन।

आंगन की दहलीज पर,
घुटनो के बल लोट जाता था बचपन।

तुतली जुबां से ,
मिट्टी के लड्डू चख जाता था बचपन।

कागज की नाव में,
ख्वाबो को पार लगाता था बचपन ।

आम की डाल पर,
मर्कट सी छलांग लगाता था बचपन ।

गुड़िया के लिये ,
मेले में मचल जाता था बचपन।

रफ पन्नों से,
पतंग उड़ाता था बचपन ।

लस्ट बेंच पर बैठ ,
क्लास के बीच टिफिन खाता था बचपन।

बस्ते के बोझ से,
बड़े होने की आस सजाता था बचपन।

फागुन केअंक में ,
सतरंगी रंग भर जाता था बचपन।

चैत्र के चौबारे पर ,
गेंहू की पुआल सा खिलखिलाता था बचपन।

टेकनोलजी की आड़ में ,

खुद को नहीं लुटाता था बचपन।

कैरम की गोटी से ,
रानी को जीत लाता था बचपन।

पबजी तो नहीं जानता पर ,
गिट्टी फोड़ में खुश हो जाता था बचपन।

कुछ ऐसा था खुशियों में लिपटा,

सन 90 का बचपन।
अंकिता सिंह

कवियत्री परिचय

अंकिता सिंह ने लखनऊ विश्वविद्यालय से पत्रिकारिता एवं जनसम्पर्क मे एम. ए .एवं एम.एड. की उपाधि प्राप्त की है । तद्पश्चायत डॉ राम मनोहर लोहिया अवध विश्विद्यालय से एम .ए . अंग्रेजी तथा एम.ए. शिक्षाशास्त्र की उपाधि प्राप्त की है आपने शिक्षा शास्त्र में यूजीसी नेट की परीक्षा उत्तीर्ण की है ।

www.ingramcontent.com/pod-product-compliance
Lightning Source LLC
La Vergne TN
LVHW041718060526
838201LV00043B/795
9798886291315